hans kumpfmüller

losen statt lesen

edition panoptikum

losen statt lesen

Hans Kumpfmüller
20 Jahre laud dengd

Mit Textbeiträgen von
  Gesangskapelle Hermann
  Prof. Dr. Thomas Mohrs
  Hans Schusterbauer

sowie einem Fotoessay von
  Andreas Mühlleitner

edition panoptikum

vaschdezz me

GKH & GKH

von Simon Scharinger (Gesangskapelle Hermann)

20 Jahre Hans Kumpfmüller also. Schreibender Hans Kumpfmüller um genau zu sein. Seit 20 Jahren trägt dieser Mann sein Hirn im Mund und lässt Worte auf seiner Zunge reifen wie guten Wein. In vino veritas. Dieser altbackene Spruch trifft hier seinen Punkt. Schon zwei Jahrzehnte lang serviert er den Mitmenschen seine vollmundigen Wahrheiten, die bekömmlich und süffisant anmuten, und meist im Abgang erst ihre saure unverblümte Note kundtun. Dieser Mensch widmet sein Leben dem Schreiben und sein Schreiben dem Leben. Er nimmt sich und seine gesamte Umgebung in die sprachliche Mangel, schlägt geistreich und gewitzt die Brücke zwischen Schwere und Leichtigkeit. Setzt sich in der Ernsthaftigkeit mit der Möglichkeit des Lachens auseinander, regt zugleich zum Nachdenken und Schmunzeln an. Am Zahn der Zeit schreibt er, der Kumpfmüller. Nicht aktuell, sondern akut, wie Gerhard Polt sagen würde. Dringlich und treffsicher verschreibt er sein Mundwerk der Mundart. Er blickt über den Tellerrand der gesellschaftlichen Engstirnigkeiten und runzelt Stirn und Blick über dem eigenen, tief an der Nase sitzenden Brillenrand. Ob dieses Schauen dem hörenden Publikum gegenüber wohlwollend oder tadelnd gemeint ist, darüber bleibt man im Ungewissen.
Die meiste Zeit seines Schreibens steckten die Mitglieder der Gesangskapelle Hermann noch in ihren Kinderschuhen. Was verbindet den alten Dichter also nun mit diesen Jungspunden? So einiges, wie man feststellen darf.
Nicht nur die inzwischen gewachsene Gesichtsbehaarung teilen die Hermänner mit Hans Kumpfmüller, vor allem ist ihnen auch der dahinter verborgene Sprachapparat gemein. Stets scharfgestellt und kritische Töne anschlagend. Im Dialekt, versteht sich. Im lustvollen Spiel mit Tradition und Zeitgeist ergänzen sich die insgesamt sieben Herrschaften seit etwa

vier Jahren und meistern gemeinsam den Balanceakt zwischen Ernst und Satire. Eine früchtetragende Kooperation, aus der auch das Album *mei goaddnzweag & i* hervorgegangen ist. Die pointierten Texte aus der Feder des Dichters, Gustostücke, Kaviar der Weltliteratur, durch das kongeniale Hirn des Kapellmeisters Höchtel gesickert, ergeben musikalisch verdaut einen erneut anhörlichen Leckerbissen, das Schmalz der A-Cappella-Musikszene. Unermüdlich begeben sich die GKH (Gesangskapelle Hermann) und der GKH (Große Kumpfmüller Hans) gemeinsam auf die Bühne und sorgen immer wieder aufs Neue für ein fulminantes Feuerwerk, das im Showbusiness seinesgleichen sucht. Die Bühne brauchen sie, so wie auch ihre Texte die Bühne brauchen. Denn die konsequent phonetische Schreibweise des Mittelbairischen bei Kumpfmüller und das mühlviertlerisch-wienerische Pendant Höchtels nehmen zumal fremdsprachlichen Charakter an und erschweren beim Lesen ein Verstehen auf Anhieb. Erst in der lautlichen Veräußerung lässt sich das Schaffen der sieben Herren entziffern, erst durch das Hören entfaltet sich seine liebevolle Direktheit. Den Wechsel zwischen gelesenen und gesungenen Texten dirigiert Hans Kumpfmüller mit schwiegerväterlichem Blick über die Schulter, ein schöpfergleich unmissverständliches Zeichen, das die Hermänner wie Spieluhren aufzieht und zu singen beginnen lässt. Ein Zusammenspiel das sich gewaschen hat, in Schweinemist und Most, und bisher jederorts mit tosendem Applaus belohnt wurde. 20 Jahre Hans Kumpfmüller und noch kein Ende in Sicht. Denn eine Zugabe, eine zusätzliche Verbeugung gibt es immer bei Kumpfmüller, wie er an den gemeinsamen Abenden mit der Gesangskapelle beweist, wenn er gegen Ende hin in deren Ohren flüstert: „A Buckerl moch ma nu!".

Der Sokratisierte

von Thomas Mohrs

In seiner „Apologie", der Verteidigungsrede vor dem Athener Gerichtshof, machte Sokrates (angeblich, Tonbandmitschnitte oder Youtube-Aufzeichnungen sind nicht erhalten …) gleich zu Beginn geltend, dass von ihm kein „schön verdrechseltes und wohlverziertes Redewerk" zu erwarten sei, sondern dass er reden werde, wie ihm der Schnabel gewachsen sei. Und dass er noch dazu nichts weiter schnabeln werde als die „volle Wahrheit". Klartext also, sozusagen.

Es mag ein wenig hochtrabend klingen, aber für mich hat der Kumpfmüller Hans was Sokratisches, und zwar nicht nur, weil er so einen formschönen Vorzeigebart trägt und eben diese Apologie des Sokrates ins Innviertlerische übersetzt hat, der spinnerte Uhu. Sondern, weil es auch ihm – jedenfalls nach meiner Wahrnehmung – um Klartext geht, geschrieben und gesprochen in seiner Mundart, so halt, wie ihm der Schnabel gewachsen ist. Und weil seine Texte nicht zuletzt von dem geprägt sind, von dem „leben", was man landläufig „sokratische Ironie" nennt. Und sokratisch ist auch, dass zumal die „Macher", die „Großkopferten", nicht zuletzt aus der Spezies der „bolidegga", die Sokrates in den platonischen Dialogen genüsslich am Nasenring durch die Arena zieht und denen er ihr Scheinwissen und ihr Dampfgeplaudere als solches nachweist, auch mit dem Kumpf ihre Probleme haben, und zwar aus dem gleichen Grund.

Hans Kumpfmüller ist ein aufmerksamer, sensibler und kritischer Beobachter, ein Kenner und scharfzüngiger Analytiker des „Menschlich-Allzumenschlichen" (naja, hier und da auch des Tierischen und der diversen Wunderbar- und Wunderlichkeiten der Natur). Das macht ihn unterhaltsam. Und es macht in unbequem. Er ist eine Lästwanzn, bisweilen, wie Sokrates eben.

Nur noch ein Wort zur Behauptung, dass man den Kumpfmüller „sowieso nicht lesen" könne, der vorgebliche „Klartext" schlicht unleserlich sei: Ich bin gebürtiger Piefke, habe das Innviertlerische weder mit der Muttermilch noch mit dem abertausendsten im Innviertel gebrauten Märzenbier aufgesogen – aber mir macht das durchaus Spaß, Kumpf lesen. Es ist m. E. allemal interessanter als Kreuzworträtsel lösen oder Verblödungs-TV schauen und birgt einen doppelten Reiz: Erst mal verstehen, was diese kryptischen Buchstabenfolgen auf dem Papier übersetzt in „richtige" Sprache bedeuten könnten und dann noch den „Schmäh" verstehen, die zumeist hintergründige Pointe, die zu den Kumpfmüller-Texten gehört wie das hinterfotzige Fragen zu, naja, Sokrates halt.

Oh Hans, ich wünsche dir weitere 20 Jahre „mosdbianbambonsai"- und sonstige schräge und originelle und bissige Ideen! Und möge dir der Schierlingsbecher erspart bleiben.

Zwölf Thesen zu Person und Werk des Dichters Hans K.

von Hans Schusterbauer

1. Der Dichter Hans K. ist ein Literat wider die groben Klötze seit Anbeginn. Er schreibt nach dem Prinzip: „Auf einen groben Klotz gehört ein feiner Keil". Wiewohl er sein edles Werkzeug unermüdlich und immer wieder neu ansetzt, weiß er um die Verwandtschaft zu Sisyphos.

2. Der Dichter Hans K. betritt häufig doppelte Böden. Das hat damit zu tun, dass in seiner HerkunftsGegend doppelte sowie ertragreiche Böden ein hohes Kulturgut darstellen.

3. Der Dichter Hans K. ist ein HörSpieler. Das hat weitreichende Konsequenzen. Wenn du ihn nicht gehört hast, hast du ihn auch nicht gelesen. Wenn du ihn gelesen hast, willst du ihn hören, koste es was es wolle. Wenn du ihn einmal gehört hast, hoffst du inständig, dass es nicht das letzte Mal war.

4. Der Dichter Hans K. hat bereits SprachKlangWolken erzeugt, als in Linz für jegliche Bewölkung noch die Stickstoffwerke zuständig waren.

5. Dem Dichter Hans K. wurde mehrfach vorgeworfen, dass seine Methode, Verstände zu schärfen, Verletzungsgefahr in sich berge. Und tatsächlich: Jene, die das verhindern wollten, haben sich geschnitten.

6. Obgleich der Dichter Hans K. mit blauen Augen das Licht der Welt erblickte, ist er nicht blauäugig; obwohl er in Somd Ereng zur Einsicht kam, ist er kein Schwarzseher; und trotz seines nie verheimlichten Verhältnisses zur unberührten Natur ist er bis heute nicht grün hinter den Ohren.

7. Das Werk des Dichters Hans K. oszilliert zwischen kosmisch und komisch. Kosmisch schwingt es, weil der Dichter sein Heimatgefängnis nur durch rasche und ungebremste zerebrale wie geografische Raumausdehnung überwinden konnte. Komisch pulst es, weil die Subjekte seines Humors den Ernst der Lage noch immer nicht erkennen wollen.

8. Dass der Dichter Hans K. jemals artige Gedichte geschrieben hätte, ist ein böses und haltloses Gerücht. Es wurde von Kräften in die Welt gesetzt, die den Dichter gerne zur MundArtigkeit geführt hätten. Kenner seines Schaffens können aber nachweisen, dass seine WortKunstWerke seit eh und je ungezogen und ansatzweise durchaus verwildert daherkamen und weiter daherkommen.

9. Was der Dichter Hans K. zu sagen hat, ist zwar unerhört, verhallt glücklicherweise aber nicht ungehört. Jene, die davon sprechen, ihn glatt überhört zu haben, täten gut daran, der eigenen Harthörigkeit ein Ohr zu leihen.

10. Es ist ein untrügliches Kennzeichen des Dichters Hans K., dass er auch darüber nicht schweigt, worüber man nicht reden kann und darf. Das ist gelebte Überschreitung sprachphilosophischer Grenzen.

11. Der Dichter Hans K. hat viele Leben. Wie viele, erschließt sich beim Genuss seiner Texte - sei es augenscheinlich, sei es lauschend. Wahr ist, dass er lange noch nicht bei seinem letzten angelangt ist.

12. Phönix und Pegasus, Federleichtigkeit und Ideenflug. Der Dichter Hans K. sei geehrt und gefiedert.

Ohne Filter

ein Fotoessay

von Andreas Mühlleitner

da schbinnad dischlabua

da schbinnad boaddad dischlabua

Kirchdorf am Inn
Inspirationsquelle Au

gib eam
an renna
nimm eam
an leiffau

Im Ahrntal/Südtirol
Zufluchtsort eines Heimatlosen

lome ge
lome ge
lome ge
lome ge

Assekuranz in Kurrent

Aus Zeiten, in denen man das Wort „Versicherung" noch mit dem salbungsvollen Begriff „Assekuranz" umschrieb, stellte man mir einmal Versicherungsunterlagen zur Verfügung, von denen man richtigerweise annahm, ich hätte dafür Interesse. Die nominale Bewertung der einzelnen Gebäude zur Feststellung des jeweiligen Versicherungswertes sowie die Abfassung des Textes in Kurrentschrift faszinierten mich, sodass ich die jeweiligen Unterlagen fotografierte. In der weiteren Folge suchte ich dann die „geschätzten", auf den Buchwert reduzierten, Liegenschaften auf (so sie noch existierten) und lichtete sie ebenfalls ab. Die im so genannten „Sandwichverfahren" hergestellten Bildmontagen bildeten dann eine Einheit und gleichsam das Endergebnis dieser, meiner Fotoarbeiten.

„Besitzer" versus „gut"

Wer einmal im Rahmen einer kaufmännischen Ausbildung mit Begriffen wie Besitzer, Eigentümer und Inhaber und deren unterschiedlichen Bedeutungen konfrontiert wurde, ortet vorerst einmal unfreiwilligen Humor, wenn er auf Grabsteinen Worte wie Besitzer, Hausbesitzer und dergleichen liest. Eine fotografische Feldforschung auf ländlichen Friedhöfen zu diesem Thema brachte dabei aber Erstaunliches zu Tage: So ist das Wort „Besitzer"(in diversen Ableitungen) auf Grabinschriften zu Ehren oder zum Gedenken an Landwirte, die zu Lebzeiten über größere landwirtschaftliche Flächen verfügten, seltener anzutreffen als auf den Erinnerungsstätten jener, denen man in der ländlichen Einkommens- und Gesellschaftsstruktur in ihrem Erdendasein eine weniger bedeutende Rolle zugestanden hatte. Die Rede ist hier von Nebenerwerbslandwirten oder Kalfaktern, die man einst auf dem Lande mit dem wenig schmeichelhaften Begriff heislleid bedachte. Und gerade im ersten Wortteil ist wohl auch die Ursache für diese Bezeichnung zu finden. So wollten sie doch als Besitzer einer Liegenschaft nicht nur zeitlebens, sondern für alle Ewigkeit wahrgenommen werden, um sich ganz deutlich von jener Standesgruppe, die auf keinen, wie auch immer gearteten, Immobilienbesitz verweisen konnte, zu unterscheiden.Der Volksmund bedachte letztere mit dem wenig schmeichelhaften Begriff schdiwekid, ein Kind also, dem nur ein Stübchen, eine kleine Stube, als irdischer Wohnbereich zugedacht war. Die sozial Stärkeren, es handelte sich hier um Landwirte, brauchten aber den Begriff „Besitzer" für ihre Zwecke nicht strapazieren. Das Wort „Bauer" und der Zusatzname des jeweiligen Gehöftes, landläufig der so genannte hausnom, setzte ja Besitz ohnehin voraus. Als Zusatz oder sprachlicher Verstärker setzten sie allerdings noch den Begriff „gut", z.B. Hubergut, hinter den jeweiligen Namen. Das ländliche Kastenwesen feiert somit selbst nach dem Tod feierliche Urständ' und somit war alles wieder gut.

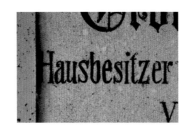

Detail an einer alten Mühle

aufhören - zuhören
mui auf - mui zua

Glaube?

Fortschrittsglaube?

heislbau 1997

iazd homas so hoiwex fiadde unsa heisl. miassds amoi vobeikemma, miassds enx amoi oschau. i weis eng von kella auffe bis zan dochbom.

de bauarei – mei des woa a dschoch, i ko des iwahaubd neamd song. & wos des oiss kosd – dawei homa von baumoasda e grod des dafal kobd. an robau den homd uns da hons & da sebb ad he gmauad. des hand gschwisdarakinda vo mein schwoga sein bruada. menschmeier, de richdn wos aus, de bringan wos weida. a jeda an dog a kisddn bia. owa ma is eanas e ned neide, se vadeananses e. jo & an dochschdui den hod uns da koal obundn. des is a gleanda zimmamo, dea is a ledega vo mein grosvodda seina easchdn frau. a fleissega kund & iwahaubd ned zwida.

eideggd hod unsas da friz, dea lebd mid a schwesdda vo mein bruada seina frau zaum. des is a gons a agradda – owa flink. & sliachd hod uns da waldda eigleidd, an waldda weads ned kenna. an waldda sei frau is amoi mid meina grosmuadda an schbidoi in oan zimma beinondagleng & seidda hea kennama uns a weng bessa.

no & inschdaliad hod unsas da schos. an schos kennds scho – dea ged mid an diandl vo da rese iara dandd. na ned mid da erika. de hod as deidschlond aussekeiradd. a so an oin kunddn, owa bimvoi gäid. na mid da jingan ged a. dea hod inschdaladdea gleand & is iazd bei da bo owa sunsd ned zwida. jo & mia zwoa, mia homd hoid oiwei gmeidda griad & fesd zuadrong. i bi iawend scho a so beinondquen, dasame gfrogd ho, dradse dwäid nu, oda e grod nu dmischmaschin?

an häidan owa homa uns oiwei auf dsunnda gfreid. do homas a wengl leichda gnumma, do homa zwischnwandl xezd & feibuzzd.

& des finanzielle, des homa uns gons genau ausdiwediad. ziemli genau a mein hundaddreiasechzexdn gebuadsdog hama schuinfrei – wonn nix dazwischnkimmd.

heislbau 2017

na mia doand ned heislbau
mia lossnd bau
des hoasd
wos unsan oawazondeil bedriafd
wiad des a bassivhaus
gons genau gnumma
wiad des a bassivhaus
in niedrigeigenkabbiddalbauweise
&
unsa schengvuiberodda
hod gmoad dass hexde zeid wa
dasse unsare oiddan amoi vo eanan
vaklemmdn schbiesseng
oiddankindwäidbuid drennand
&
in uns endle amoi des säingd wosma wiaggle hand
nemle a longfrisdege inwesdezjonsfoam
mid an sea hohen einzlweaddberichdegunxfaggdoa
&
ois soicha mechdma a woagnumma wean
wei nua a so
homa donn quase a den rüggn frei
fia diwease zeidgleiche grossowafinanziarungen
wia
unsan audddoasbabereich des hoasd goaddn mid buul
mei neichs auddo & unsan ualaub
&
wos de rüggzolungen oged
do hobe a eigene ebb auf mein hende
&
de wead des scho iagendwia mocha

1997

oiwei
hands
dahi

grod
roasn
doans

wia
zigeina
hands

2017

oiwei
hands
dahi

grod
roasn
doans

wia
roma & sinti
hands

gligg 1997

an hundadneizga
an schwan goif
&
an gelendewong
so weng brauchd da
mensch zan gligglesei

gligg 2017

an vodda sei kiwe mid da dreiliddamaschin
an jingan buam sei driebwong min diaregdeischbrizza
a da muadda ia siddeflizza
an diandl ia kabrio
an diandl ia ondas auddo
an oidan buam sei halle
an jingan buam sei wesbba
an oidan buam sei wesbba
an jingan buam sei halle
an oidan buam sei maurasax
an jingan buam sei maundnbeigg
an oidan buam sei sundaausfoafuchzenaschdeira
an vodda sei oirod fia schena
an vodda sei oirod fia sei goa ned so schene freinden
an vodda sei elegdrodradl
a da muadda ia elegdrodradl
an oidan buam sei woffnradl
an jingan buam sei oiz rennradl
an oidan buam sei neichs rennradl
an vodda sei neichs rennradl
iagendwia homs oille zaumkoifn
das bei oille
iagendwia
&
iagendwonn
amoi
sradl
rennad woan is

1997

hadds amoi schdad
wos head ma denn do
des is a moddoasog
des kimmd vo do hinddn
wo ma ois buam oiwei
mid de oadaxl gschbuid
hom & de graoussn
schwoazzn kefa gfongd homd
do schneins iazd oille bam um
wei do griangma iazd a biodobb
is owa e wuaschd wei
slond zoids e

2017

duadd
wo slond
heid koa biodobb
nimma
zoid
duadd
is heid
a koa biodobb nimma
&
bam
&
oadaxl
&
schwoazzekefa
hand
a koa mea
owa
dleid weand
zweng denn
a ned meara
duadd
schdad iss woan
duadd
schmeeschdad
hands woan
duadd

meine heimat 1997

des kead mia & des kead a mia & des kead a nu mia
&
des do drend & des do drund & des do drom
kead a nu mia
&
wonn
dea do drend amoi drom
&
dea do drom amoi drend
&
dea do drund amoi drend
&
dea do drend amoi drund
&
dea do drund amoi drom
&
dea do drom amoi drund
&
dea do drund amoi drund
&
dea do drom amoi drom
is
donn kead des oiss
amoi mia
donn
is
des oiss amoi
meine heimat

meine heimat 2017

des kead mia & des kead a mia & des kead a nu mia
&
des do drend & des do drund & des do drom
kead a nu mia
&
wonn
dea do drend amoi aufhean muas
&
dea do drom amoi aufhean muas
&
dea do drund amoi aufhean muas
&
i amoi gons aloa iwableib
donn bleibd eana
nix iwa
wia das
des do drend & des do drom & des do drund
oiss
amoi mia
gons aloa kean muas
&
das des
donn
oiss
amoi
meine heimat sei muas
a wone gons aloa iwableim muas

2007

a
auddobo
is
olla losdda
onfong

2017

de gonzn flichdleng
dea gonze flichdlenxschdrom
dea gonze flichdlenxschdrom
vo de gonzn maudflichdleng
is heizdox
auf da bundesschdrossn
unddawex

1997

mia
hand
mia

2017

mia
hand
miad

2007

!!!!!!!!!!!!!!!!!!!!!!!!!!!!!!!!!!!!!
!!!!!!!!!!!!!!!!!!!!!!!!!!!!!!!!!!!!!
!!!!!!!!!!!!!!!!!!!!!!!!!!!!!!!!!!!!!
!!!!!!!!!!!!!!!!!!!!!!!!!!!!!!!!!!!!!
!!!!!!!!!!!!!!!!!!!!!!!!!!!!!!!!!!!!!
!!!!!!!!!!!!!!!!!!!!!!!!!!!!!!!!!!!!!
!!!!!!!!!!!!!!!!!!!!!!!!!!!!!!!!!!!!!?

worum schreisdn a so

2017

```
= = = = = = = = = = = = = =
= = = = = = = = = = = = = =
= = = = = = = = = = = = = =
= = = = = = = = = = = = = =
= = = = = = = = = = = = = =
= = = = = = = = = = = = = =
= = = = = = = = = = = = = =
```

is e gleich

laud dengd
laud dengd
laud dengd
laud dengd
laud dengd
laud dengd
laud dengd
laud dengd
laud dengd
laud dengd
laud dengd
laud dengd
laud dengd
laud dengd
laud dengd
laud dengd
laud dengd

die zensuhr läuft

wöalddalbialchl

Im Wörterbuch verwendete Abkürzungen:

Allg.	Alkohol
austr.	austrinken
Beischl.	Beischlaf
chin.	kindisch
EU	Euter
frz.	freizügig
it.	innviertlerisch
jamm.	landwirtschaftliche Fachsprache
Pharm.	Bauernhof (konventionell geführt)
phys.	fies
Pol. Tick	Politik
prot.	hartes Brot
Subv.	landwirtschaftlicher Sammelbegriff
tschech.	trinken
Vgl.	Vogel
vlgo.	alias

A

a jeda→ **jeda**

audd|doa|sba|be|reich *chin. Vgl.* der s/e; Kunstwort, setzt sich aus Outdoor und SPA zusammen und definiert lediglich die bei der Schlüsselübergabe zeitgleich fertiggestellte Außenanlage des jetzigen Einfamilien- bzw. späteren Singlewohnhauses

au|ddo|bo die -/nen; vom →**maudflichdleng** gemiedene, bei Geisterfahrern allerdings immer beliebter werdende Straßenverbindung **|| auddobobiggal || ** lt. EU-Vorschrift werden die Ohren der Kühe → **q** im EU-Raum mit gelben Ohrmarken, die heiligen Kühe der EU-Bürger aber, der leichteren Unterscheidbarkeit halber, mit dem **|| auddobobiggal ||** versehen

B

bau|moa|sda der s/-; Baumeister, einst *baumoasdadafal*verleihender Unternehmer, heute meist alleiniger General- Unternehmer auf Baustellen; **|| mia homd oiss an baumoasda iwagem ||** während der Bauperiode wird sich unsere Anwesenheit auf der Baustelle in einem sehr überschaubaren Zeitrahmen bewegen; auch: **|| mia homd fix iwagem ||**

D

drieb|wong *Beischl. frz.* der s/-; ausschließlich für den außerehelichen Verkehr zugelassenes Sonderfahrzeug

dschoch *it jamm.* Pharm. *prot. Subv,* die -/-;Mühe **|| a dschoch bei de bauan owa da mosd is guad ||** Redewendung, bei der das Betriebsklima auf Bauernhöfen treffend, vor allem aber umfassend, dargestellt wurde

E

ebb *chin.* **|| i ho a ebb am hende ||** es gibt fast nichts, das mein Handy und ich nicht zu lösen imstande wären

ebbs *chin.* **|| i ho ebbs am hende ||** ich bin gerade damit beschäftigt, mir die Probleme zu suchen, die mein Handy und ich nicht gemeinsam lösen können

e|leg|dro|ra|dl das s-,-; **|| i ho mei ibeigg bein izau eibaggd ||** ich fuhr mit meinen E-Bike gegen einen elektrisch geladenen Weidezaun

G

gschwi|sda|ra|ki|na die -/-,Cousins und Cousinen **|| da sebb & i mia wand eiganddle gschwisdarakina wonn sei muadda ned a kind da liebe wa ||** exakte, und vor allem sehr detaillierte, keine Eventualität unberücksichtigt lassende, aber schonungslos aufklärende Familienaufstellung **|| dfischa & djaga hand briada & schwaga dmezzga & dschinda hand gschwisdarakinda ||** gesellschaftlich ansprechendes Sittenbild

H

hal|le die, -,s; amerikanische Motorradmarke **|| i ho mei halle zo da halle zuwe gloand ||** nach der Kurve befand sich eine für mich nicht vorhersehbare Produktionsstätte, die meine Fahrt dann unerwartet unterbrach

hei|sl|bau Sammelbegriff für die Errichtung eines Einfamilienhauses **|| mia doand grod heislbau ||** war in früheren Zeiten, a) eine genaue Beschreibung der jeweiligen Urlaubsdestination, die sich allerdings über längere Zeiträume hinweg zog b) ein dezenter Hinweis darauf, dass der häusliche Spaßfaktor um den Nullpunkt herum angesiedelt ist

I

i mittlerweile wichtigster Buchstabe des gesamten Alphabets

iwa|blim übrig geblieben **|| i bi iwablim ||** mein Familienstand ist seit meiner Geburt noch immer unverändert, da meine Balzrufe bislang unerhört blieben

J

je|da → **a jeda** alle, **|| a jeda aussa mia ||** betont die Ausschließlichkeit

K

kis|dn die -,-; früher hölzerne, heute aus Kunststoff hergestellte Verpackungsform **|| a kisdn bia ||** *Allg. austr. tschech.* auf Baustellen einst streng verrechenbare Währungseinheit; wurde später vom € auf- bzw. abgelöst, der jedoch an die Beliebtheit und Popularität der Vorgängerwährung nicht anschließen konnte **|| kisdnsau ||** spezielle Zubereitung des im Innviertel leider nur als Spurenelement zu sich genommenen Schweinefleisches

L

lo|sn hören **|| wea ned lesn mog dea muas losn ||** alte innviertlerische Spruchwahrheit

M

maud|flich|dleng *phys., Pol.Tick*der s/e-; aus Kostengründen → *auddobo*meidender Verkehrsteilnehmer, kommt unserer Willkommenskultur sehr entgegen

maundnbeigg → **woffnradl**

mau|ra|sax die -/-, meist in elegantem Schwarz gehaltenes Kleinmotorrad der Marke „Puch", wurde bevorzugt von Mitgliedern des Bau- sowie Baunebengewerbes verwendet **|| zu zweidd homsme hia & do auffe hem miassn owa mei maurasax hod nu vo gons aloa hoam gfundn ||** dieser Satz steht stellvertretend für a) die Robustheit des Fahrzeuges und b) die Promilleverträglichkeit der jeweiligen Lenker

mel|box die -,n; **|| i hed ias e auf dmelbox auffegredd das i eiganddle schlus gmochd ho ||** ein durchaus gelungenes Beispiel dafür, dass auch moderne Kommunikationsformen durchaus in der Lage sind, menschliche, ja romantische Züge anzunehmen

mensch der en/en; 1. junge weibliche Person **|| smensch hod a scho an kunddn ||** die jüngste Tochter ist ebenfalls liiert 2. Bewohner der Erde 3. Vorname von Herrn Maier **|| mensch maia ||**

N

ni|drig|ei|gen|ka|bbi|ddal|bau|wei|se *jamm.* die -,n; **|| des gäid dese ned ho des lose ned a da kassa aufn biachl ling wei do griaxd e koane zinsn do bauama liawa a heisl ||** sowohl betriebs- als auch volkswirtschaftlich gesehen ein genialer finanzieller Schachzug

O

oi|wei immer **|| oiwei iss des gleiche ||** alles ist gewissen Änderungen unterworfen

Q

q *jamm. EU. Pharm. Pol. Tick. Subv..* die -, Kühe; früher hörner- jetzt ohrmarkentragende raufutterverzerrende Großvieheinheit **|| muddaqhoiddung ||** Mutterkuhhaltung

S

soch *it.* die -/-; Sache Anwesen **|| a schene soch ||** ein schönes Anwesen **|| dsoch kosd heizdox nix mea ||** die Preise für Investitionsgüter sowie Immobilien stagnieren zur Zeit erheblich

W

wes|bba die -/s italienisches Kleinkraftrad **|| mid a oin wesbba & an junga diandl muasd umge kinna ||** auf zwei, allerdings sehr wichtige Fertigkeiten reduziertes Lebensmoto

wo|ffn|ra|dl das s/-; Vorläufer des heutigen→ **maundnbeix || sei lebdalong a bazefisd quen & donn darenndsn min woffnradl ||** dramatische Nachricht vom tragischen Ableben eines zeitlebens friedliebenden Erdenbürgers

Autoren

Die **Gesangskapelle Hermann** ist eine sechsköpfige A-capella-Band. Mit geradezu stolz vor sich her getragener Schüchternheit trällern sie ihre ganz und gar nicht harmlosen Texte und verschonen dabei niemanden. Zwei Alben (unter anderem in Kooperation mit Hans Kumpfmüller) voll mit Songs, von denen viele – wie Knedl, Wegana, Nudlsuppn oder Fesbuk – bereits Kultcharakter besitzen, sind bislang entstanden und machen große Lust auf mehr.

Thomas Mohrs (*1961) ist promovierter und habilitierter Philosoph, gebürtiger Piefke, lebt seit 1985 in Österreich. Seine Arbeitsschwerpunkte liegen in den Bereichen philosophische Anthropologie, allgemeine und angewandte Ethik (aktueller Fokus: Gastrosophie / Ethik der Ernährung), politische Philosophie und Philosophie der Interkulturalität und Globalisierung. Sein (Un-)Wesen treibt er seit 2011 hauptberuflich als Professor an der Pädagogischen Hochschule Oberösterreich. Nebenberuflich hat er die Regionalentwicklungsinitiative „Wie's Innviertel schmeckt" mit begründet und einige Jahre geleitet.
Er ist Vater von 4 erwachsenen Kindern und Opa von zweieinhalb Enkeln. Und mit dem Kumpfmüller Hans hat er schon einige Projekte durchgezogen, unter anderem im Kepler Salon in Linz, es aber trotzdem halbwegs schadlos überstanden.

Hans Schusterbauer, geboren in der Mitte des vorigen Jahrhunderts. Lernt lesen seit 1960. Langjährige buchhändlerische Zusammenarbeit mit Hans Kumpfmüller.

Andreas Mühlleitner ist Fotograf und Autor mehrerer Bildbände. Zusammen mit seiner Frau Karoline gründete er den Verlag edition-panoptikum. Infos unter www.muehlleitner-fotografie.at sowie www.edition-panoptikum.at.

Bisherige Publikationen:

goidhaum & logahauskabbe - buagschdomsubm, Bibliothek der Provinz, 1997

Stiefmutterland & Großvatersprache - buidabiachl, Bibliothek der Provinz, 2000

sauschdoidialgraffiti - wöaddabiachl, Bibliothek der Provinz, 2000

ruamsuam - grundbuach mid zedee, Bibliothek der Provinz, 2002

ruamsuam, CD gemeinsam mit h.p.falkner, 2002

blasdeggfensdaln - laud dengd, Bibliothek der Provinz, 2004

zeus schau owa - Apologie des Sokrates, Bibliothek der Provinz, 2004

Vergessene Österreicher, Bilder aus Transkarpatien, Molden Verlag, 2006

Dialekt eines Heimatlosen (CD), Verlag STUDIO 17, Traunstein

gugaruzsahara, Aufzeichnungen eines Maisbeduinen, Ritter Verlag, 2007

maschinenringlgschbui - dabeibiachl mid an esloa, Stein-Verlag, 2009

mein kumpfmüller-buch, Stein-Verlag, 2009

Kolo Solo, DVD, Waldarbeit im Einklang mit der Natur, mit Musik von Attwenger und den Irrseebläsern, mit integriertem Daumenkino, in Zusammenarbeit mit „mundwerk", Zell am Moos, Verlag Hammerer, 2011

säichkammal & baddeibiachl - innviadla browiabrewia, Verlag Karl Stutz, 2012

und das Wort ist Bild geworden & aus de buagschdom is a buidl woan, mit Matthäus Fellinger, Verlag Hammerer, 2012

fidsgrambbei, ein Schul- und Kulturprojekt mit der Volksschule , dem Kinder- sowie Kirchenchor und der Musikkapelle Tarsdorf (Buch und CD), Verlag Hammerer, 2014

heimadobndlond, Verlag Karl Stutz, 2014

Ganz oben in Südtirol, Bildband, Verlag edition-panoptikum, 2014

mei goaddnzweag & i, CD mit der Gesangskapelle Hermann,
die Gesangskapelle Hermann singt „Kumpfmüller-Texte", 2015

mosdbianbambonsai - iwanachdex dogebuach, Verlag edition-panoptikum, 2016

Impressum

1. Auflage 2017
Copyright©: edition-panoptikum
ISBN   978-3-9503761-6-6

Grafische Gestaltung: Gerhard Schiessl, Andreas Mühlleitner
Lektorat: Mag. Valentina Kumpfmüller
Redaktionelle Begleitung: Hans Schusterbauer, Hans Hammerer
Herstellung: Hammerer GmbH, Ried im Innkreis

edition-panoptikum
Mühlleitner
Hinterholz 14, A-4933 Wildenau
Tel.: 07755-5021
www.edition-panoptikum.at

Mit freundlicher
Unterstützung von: